LA BOHÊME AMOUREUSE.

CONFESSIONS DE SYLVIUS

CLÉMENCE. — Mme ANDRÉ.
— EUGÉNIE LA BLANCHISSEUSE. —
MARIANNA LA PEINTRE.

par

CHAMPFLEURY.

Édition autorisée pour la Belgique et l'étranger,
interdite pour la France.

COLLECTION-HETZEL
H

BRUXELLES,
MELINE, CANS ET COMPAGNIE.
Boulevard de Waterloo, 35.
1857

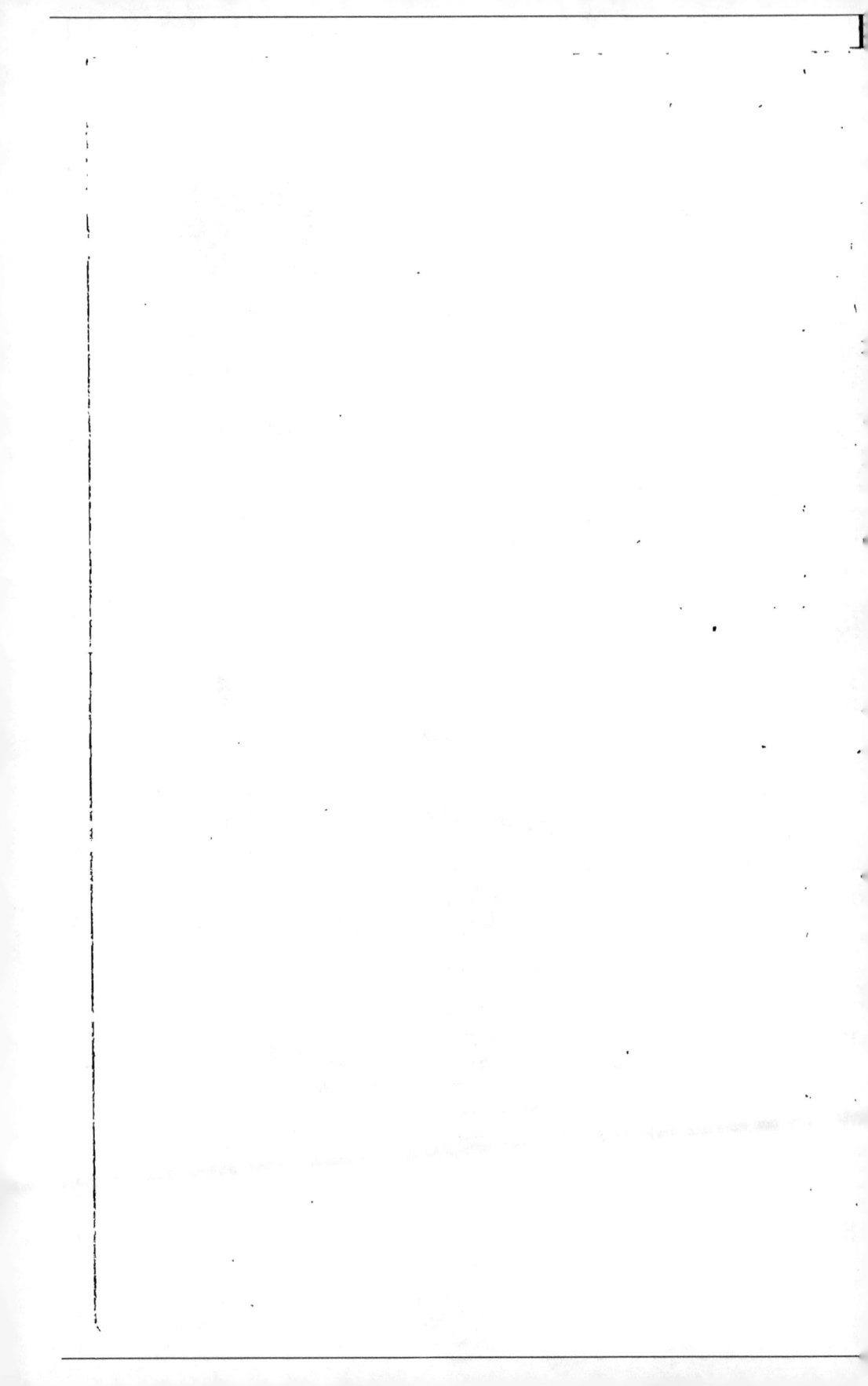

CONFESSIONS DE SYLVIUS.

BRUXELLES. — TYP. DE J. VANBUGGENHOUDT,
Rue de Schaerbeek, 12.

COLLECTION HETZEL.

LA BOHÈME AMOUREUSE.

CONFESSIONS DE SYLVIUS

CLÉMENCE. — Mme ANDRÉ.
— EUGÉNIE LA BLANCHISSEUSE. —
MARIANA LA PEINTRE.

PAR

CHAMPFLEURY,

Édition autorisée pour la Belgique et l'Étranger,
interdite pour la France.

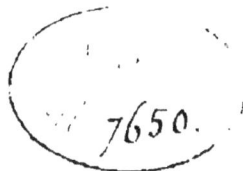

BRUXELLES,
MELINE, CANS ET COMPAGNIE,
Boulevard de Waterloo, 35.

1857

CLÉMENCE.

1

I

Sylvius à Tony.

« Tony, toi qui connais le cœur féminin pour en avoir souvent disséqué, réponds-moi vitement sur les matières que je soumets à ton jugement de carabin. Voici ce qui arrive.

» Théodore est venu me chercher à midi. Il veut que je descende la montagne avec lui, sa maîtresse et une autre grisette. — Tu verras Clémence, m'a-t-il dit, c'est une brave personne. Son amant l'a quittée. Elle désire te connaître ; allons, ne te fais pas prier.

» Je ne sais pourquoi Clémence m'attire, je l'ai à peine entr'aperçue chez Théodore ; elle n'a rien d'agréable, ni beauté, ni taille, mais elle rit et m'a paru un peu plus spirituelle que le commun des grisettes. — Nous partons. — J'ai mis ce jour-là mon habit de velours neuf, mon pantalon de velours, un costume qui effraye les bourgeoises de L***.

» Nous descendons la montagne tout joyeusement. Les arbres se penchent sous la brise, ils ont l'air de nous saluer et de nous souhaiter grand plaisir. Je me suis rappelé cette *guitare* :

> Sur le gazon les ruisseaux
> Murmurent leurs amourettes ;
> Et l'on voit jusqu'aux ormeaux,
> Pour embrasser les fleurettes,
> Pencher leurs jeunes rameaux.

» Les oiseaux chantent leurs plus beaux airs, le ciel est bleu. Au détour d'une petite gorge qu'on appelle dans le pays *la Grimpette*, à cause de son escarpement, nous apercevons nos amies. Elles marchent en avant, jusqu'à ce que nous arrivions en pleine campagne, de peur que les bourgeois de la ville ne nous aperçoivent ensemble. Quelle mi

sérable existence que la vie de province! Si on
nous voyait cueillir des bluets avec *elles*, tout
L*** le saurait le lendemain. L'épicier, en nous
apercevant, viendrait sur le pas de sa porte et
ricanerait bêtement avec le coiffeur, son voisin;
on en parlerait au café des Voyageurs, chez le
receveur particulier et chez M. le juge de paix. —
Elles sont charmantes de loin avec leurs robes
exactement semblables, leurs mantilles noires et
leur parasol gorge de pigeon. Elles se sont assises
sur le sable en nous attendant; nous approchons,
j'ai peur. Théodore embrasse sa maîtresse, et je
reste devant Clémence comme si j'étais changé en
statue de sel. — Eh bien, tu ne dis rien, Sylvius,
me dit Théodore. — Que veux-tu que je dise? lui
ai-je répondu en prenant mes airs les plus farou-
ches. — Allons, donne le bras à Clémence. —
J'obéis; Théodore court en avant avec Adèle; ils
rient, ils folâtrent, ils se lutinent tous les deux. Je
continue à ne rien dire; je suis sûr que Clémence
me trouve niais; mais il m'est impossible de parler,
ma langue est liée.—Je vais tirer les cartes, dit Clémence; aimez-vous ça, monsieur? Sans me donner
le temps de répondre, elle prend dans sa poche un
paquet de cartes qui paraissent avoir déjà beaucoup servi, et elle se met gravement à les battre,
à les retourner et à me parler, à l'inspection des
figures, de femmes blondes, d'argent, de voyage,

de réussite dans ses projets, et surtout d'un
homme brun, — je suis brun! qui semble destiné
à jouer un grand rôle. J'en ai ri et je me suis mo-
qué de ses croyances; — grande maladresse. La
conversatiou s'engage petit à petit, mais d'une
façon déplorable comme galanterie. Je dépense
tout mon esprit, toutes mes plaisanteries les plus
neuves, rien ne porte. Clémence n'est pas assez
lettrée !

» Nous arrivons à A***, qui est un bourg au
pied de la montagne. Théodore nous rejoint. —
Veux-tu dîner ici? dit-il; je connais un petit *bou-
chon* où nous serons mieux que des dieux ; nous
mangerons dans un bosquet.—Très-bien.— Comment trouves-tu Clémence ? — Gentille. — Lui
as-tu *parlé?* — Mais... oui..., beaucoup. — Bon!
je vais commander le festin.

» Je maudis Théodore ; il me laisse avec *elles*,
seul. Elles, voyant que je ne leur parle pas, rient
beaucoup. C'est peut-être de moi! Je me sens devenir rouge; mais je crois m'être trompé, elles
se racontent des histoires de *couture*, et des
histoires assez dégrafées. Heureusement Théodore
revient. Il ne se gêne guère, lui : il les embrasse
toutes deux à la fois, il connaît l'endroit faible de
la grisette. Si je pouvais parler ainsi.

» La servante apporte des artichauts à la poi-
vrade, *la gloire du pays*, dit-on. Théodore em-

brasse aussi la servante, une bonne grosse fille,
rouge comme les pommes. On mange. Cela me
remet un peu et me donne le temps de préparer
une conversation pour le retour. La paysanne revient avec des artichauts à la sauce blanche, la
gloire du pays. *Elles* paraissent n'avoir pas mangé
de huit jours ; j'aime mieux cela, il n'est pas besoin
de leur répondre. Troisième plat, des artichauts à
la barigoule, la gloire du pays. — Si nous man-
gions des fraises ? dit Théodore. — Ah ! oui, c'est
bon, des fraises, dit Clémence. — Un immense
plat de fraises, répond Théodore. — Nous ferons
un *fraisetival*, dis-je tout joyeux de mon mauvais calembour. Hélas ! Théodore seul a ri ; Clémence, pour qui cette plaisanterie était évidemment destinée, n'en a pas compris le sel. —
Sylvius, dit Théodore, tu es maussade comme un
cercueil. On ne se conduit pas ainsi près d'une
jolie fille, on l'embrasse. — Mais ses remontrances
me rendent encore plus timide.

» Le repas achevé, nous remontons à L*** ; la
nuit commence. Clémence s'appuie sur moi ; son
bras presse le mien. Je lui ai donné le bras *du côté
du cœur*, c'est elle qui l'a voulu ; je le sens battre.
Elle ne dit rien. — A la porte de la ville, nous nous
séparons. Théodore embrasse son amie. Clémence
reste devant moi. On me pousse, je l'ai embrassée.
Ouf ! quel courage il m'a fallu.

» Mon cher Tony, réponds-moi vite là-dessus. Théodore est trop brutal; aussitôt ta réponse, je te donnerai la suite.

                                    » SYLVIUS. »

II

Réponse ordinaire aux lettres d'un ami.

Tony était un carabin de troisième année. Il allait sortir lorsqu'on lui apporta la lettre de son ancien camarade.

— Trompette, dit-il à sa *femme*, tu liras cette lettre en mon absence et tu m'en feras un résumé clair et exact. Elle vient de L***; comme il n'y a pas de *fonds* dedans, je m'en moque. S'il arrivait quelqu'un, tu diras que je fais la poule à l'estaminet des Sept-Billards.

Le soir Tony revint ivre.

— As-tu lu le papier? dit-il à sa femme.

— Oui, c'est bête comme tout répondit, Trompette; j'ai allumé ma pipe avec.

— De qui est-ce?

— De Sylvius; c'est du sentiment, il y en avait cinq pages.

— Ah! je n'ai pas le tempsde m'occuper de ces choses-là; quand on n'a pas une minute à soi...

III

Sylvius à Tony.

« Mon cher Tony, tu m'oublies. Je sais bien que Paris est autrement amusant que L*** ; mais tu as bien un quart d'heure à me donner. Le soir, ne pourrais-tu m'écrire un mot ? Je crois que je deviens presque amoureux.

» En revenant par la promenade des Ormes, Thodore m'a accablé de reproches sur ma conduite pendant le dîner. Il se moque de moi, il se sert à mon égard des épigrammes les plus sanglantes ; je lui ai répondu qu'il fallait que je connusse un peu plus Clémence. — Lui as-tu demandé un rendez-vous? m'a-t-il dit. — Non, je n'y ai pas pensé. — Elle te l'aurait accordé de grand cœur. — Je ne sais pas trop. — Alors, viens demain soir chez moi, elle s'y trouvera.

» Quelle nuit j'ai passée! Je me suis couché, levé, recouché sans pouvoir dormir. Je ne pense qu'à elle, je ne vois plus qu'elle! Ah! Tony, si tu étais ici! J'ai voulu lui écrire; mais demain n'est-il pas bien plus simple de lui parler? Cependant, il faut préparer ce qu'on appelle une déclaration. Impossible de trouver le premier mot. J'ai pris pour confident mon oreiller et je lui ai récité les discours les plus extravagants. Enfin, j'ai allumé ma chandelle et je t'écris à la hâte ce mot.

» SYLVIUS. »

IV

Ce qui prouve que le roman par lettres n'est pas
dans la nature.

Tony donnait un punch.

Je vais vous lire, dit-il, à ses amis, quelque
chose de fabuleux.

Et il lut la lettre de Sylvius.

— Je demande le premier numéro, dit l'un.

— Ça m'a servi à allumer ma bouffarde, dit
Trompette.

— Ils sont bons dans ton pays, cria Schanne le

peintre. J'ai envie de partir en poste faire le portrait de ce naïf.

— Moi, dit une femme, j'aurais voulu avoir le commencement; j'aime les amours.

— As-tu fini, Castorine?

— Si nous allumions le punch?

— Il n'y a plus d'allumettes.

— Et la lettre de ton ami? cria le rapin.

— Je vous déclare, dit Tony, que Sylvius n'est pas mon ami et que le premier qui m'en parlera aura affaire à moi.

— Allons, dit Trompette, vas-tu pas te fâcher?

— Alors, allumons le punch avec sa lettre, dit Tony.

Le punch flamba; les pipes s'allumèrent à la flamme, et la mansarde retentit de *lariflas...*

V

Où l'on voit que l'histoire de madame Putiphar
n'est pas un conte.

Le lendemain, Sylvius alla chez Théodore; Clémence et Adèle s'y trouvaient.

— Si nous allions promener sous les Ormes?
demanda Théodore.

— Oui, répondirent-elles.

La promenade des Ormes entoure d'une ceinture
la petite ville de L***, perchée sur la montagne
comme un nid d'aigle sur un rocher. De jour, on y

rencontre quelques bourgeois qui s'inquiètent beaucoup si le vent vient de Saint-Quentin ou de Reims; mais, les soirs d'été, elle est beaucoup plus fréquentée. Des ombres doubles, marchant lentement, parlant bas ou ne parlant pas, errent vaguement, en s'attachant à ne pas rencontrer d'autres ombres. Ce soir-là, Sylvius était assis sur un banc de pierre ; près de Clémence; de cet endroit, qu'on appelle *la Pointe*, parce que la montagne forme là un angle et domine la vallée, on entend le bavardage des grenouilles, qui tiennent des conférences le long des marais avant de s'endormir. Sylvius s'inquiétait beaucoup plus de la campagne et des bruits vagues de la nature que de Clémence; il lui parlait, mais sans essayer la moindre galanterie. Il eût préféré avaler des sabres! — Clémence se montrait résignée à ces malencontreux discours, où elle ne trouvait pas le plus petit brin d'amour. Elle riait quand son *amant* disait quelque plaisanterie qu'elle ne comprenait pas.

Ces promenades se continuèrent ainsi pendant trois semaines.

— Il faut en finir..., dit un jour Théodore à son ami; tu viendras demain chez moi avec Clémence. Elle se plaint à Adèle de ton peu de galanterie; je n'ai jamais vu de garçon tel que toi.

— J'irai, dit Sylvius.

Le jeudi, Sylvius alla attendre Clémence à la

porte de l'atelier de couture, et tous deux se ren-
dirent au lieu indiqué. Théodore avait très-bien
fait les choses. Un petit souper était préparé. Au
dehors, la pluie battait les vitres et le feu rayonnait
dans l'âtre.

Les deux *amants* se mirent à table avec les meilleures dispositions, — dans *un* fauteuil. En homme
qui comprend les délicatesse de l'amour, Théodore
n'avait servi qu'un verre, qu'un couvert et qu'un
plat. Clémence, peu habituée à pareil festin, fut
gourmande comme une chatte. Sylvius était *ai-
mable!* — Il ouvrit les deux battants des portes de
son esprit. Pour la première fois, il osa tutoyer
Clémence. Il était étonné de sa hardiesse, ne pensant plus aux bouteilles qui avaient le corps vide.

— M'aimes-tu, Clémence? dit-il, tout à coup.

La conversation était montée à un diapason convenable, il n'y avait qu'à continuer; mais Sylvius
fit comme les gens qui grimpent à une échelle très-
élevée : il leur reste à monter deux ou trois éche-
ns, ils seront arrivés au but. Tout à coup, le
rtige les prend, ils tombent. Sylvius secoua ses
eveux, se dégagea de l'unique fauteuil, prit une
se et se plongea la tête dans les mains. Clé-
nce, tout habituée qu'elle était aux façons ori-
ales de son *amant*, crut à un accès et lui tira
cheveux pour lui faire lever la tête.

— Laisse-moi, dit Sylvius.

— Minuit, dit-elle d'un ton vexé, il faut que je m'en aille. Tu as tant fait, que ma mère va me donner un *galop*. Elle remit son bonnet et pria Sylvius de la reconduire.

— Je ne l'aurais jamais cru comme ça, fit-elle d'un air boudeur.

— Comme quoi? demanda Sylvius.

Théodore, entendant parler, vint à leur rencontre.

— Eh bien? dit-il bas à Sylvius.

Sylvius fit entendre un grognement équivoque et emmena Clémence au plus vite. En se couchant, il se donna douze coups de poing sur la poitrine.

— Qu'ai-je fait? Comment oserai-je me présenter désormais devant elle? J'ai eu l'air d'en faire fi. On ne se conduit pas ainsi.

Le lendemain, il courut chez son ami :

— Tu t'es conduit en enfant, dit Théodore.

— Ah bah !

— Clémence s'est plainte à Adèle.

— Mon cher Théodore, Crébillon fils a dit : « L'amour languit dans les plaisirs, et quand les désirs ne sont pas de la partie, il lui reste bien peu de chose. »

— Crébillon était aussi niais que toi, mais il était plus ennuyeux. Tu es bien heureux d'avoir lu cela cette nuit pour venir me le débiter.

— Je ne l'ai pas lu cette nuit.

— Je te demande compte de mon souper. A quoi
a-t-il servi ?

— Clémence a beaucoup mangé.

— Je le sais bien. Il n'y a rien à faire de toi. Tu
as dix ans, mets un bourrelet.

— Théodore, je me fâcherai.

— Non pas, je t'aime trop pour cela ; mais vois
les conséquences de ta conduite. Clémence ne connaît pas les maximes de Crébillon fils ; tu l'ennuies :
elle se raccommode aujourd'hui avec Renard, qui
commençait à devenir jaloux de toi.

— Au diable les femmes ! dit Sylvius en s'en
allant tout furieux.

VI

Raccord entre mineurs.

Sylvius fut triste trois semaines. Il ne se promenait plus sur la place, car il avait rencontré quelquefois le soir Clémence avec ses compagnes ; et elle avait rougi en l'apercevant. Cette rougeur, qu'il regardait comme du repentir, l'avait touché et rappelait sans cesse à son souvenir la jeune fille qu'il avait juré d'oublier. Un jour, Théodore lui dit :

— Clémence voudrait bien te revoir.

— Jamais! C'est une coquine.

— N'importe, elle a planté pour de bon son Renard.

— Ah! ah! qu'est-ce qu'ils ont eu?

— Renard ne l'a reprise qu'à cause de toi. Elle l'ennuyait. Mais, comme il ne t'aime pas, il t'a joué le mauvais tour de te l'enlever.

— Je ne sais pas si c'est là un mauvais tour.

— Adèle l'amènera ce soir à la maison, si tu veux.

— Peuh! dit Sylvius enchanté au fond.

— Allons, puisque tu n'en veux plus...

— Je t'ai déjà dit, reprit vivement Sylvius, que je réfléchirai. Cependant, fais-la venir toujours.

La soirée se passa sans que les deux amants se fussent adressé une parole. Si Clémence était toute troublée, Sylvius ne l'était guère moins.

— Allons, embrassez-vous, dit Théodore, et que ça finisse.

Sylvius resta à sa place; Clémence s'avança et fit les premiers pas; finalement ils se jetèrent dans les bras l'un de l'autre. Sylvius, très-ému, la reconduisit à son domicile. Et les promenades continuèrent sous les Ormes, comme par le passé. Théodore, dont Adèle faisait la police secrète, très-inquiète de voir Sylvius suivre son ancien système, le réprimanda.

— Tiens, dit Sylvius en montrant une bourse, vois-tu déjà les résultats?

— Eh bien, c'est une bourse.

— Oui, mais je l'ai obtenue de la Clémence... de Titus.

— Que t'ai-je fait, Sylvius, pour me lancer sans cesse à la tête d'affreux calembours? Ne suis-je pas ton ami ?

— Si tu savais, dit Sylvius, combien j'ai été heureux en recevant cette bourse brodée par les jolis doigts de Clémence! J'ai pensé qu'elle s'était peut-être piqué le doigt en travaillant. Peut-être une goutte rosée de son sang est-elle emprisonnée dans la soie. Aussi, je l'ai baisée cette bourse! Elle ne me quitte plus.

— Ah! Sylvius, dit Théodore, tu as embrassé la trace des doigts secs et jaunâtres de madame Babouillard, la mercière.

— Hein! dit Sylvius.

— Oui, j'étais là quand Clémence l'achetait. C'est cruel de te désabuser. Mais, s'il y a une goutte de sang emprisonnée, c'est du sang jaunâtre et vieilli de cette respectable mercière.

— Pourquoi diable me désenchanter? dit Sylvius furieux. Ah! la carogne, elle m'a dit qu'elle avait veillé toute la nuit sur cette bourse. Je me vengerai d'elle, je lui couperai les cheveux : ça fera la Titus de Clémence.

— Encore un calembour, dit Théodore. Adieu !
la colère t'égare.

VII

A qui profitent les conseils moraux de Sylvius.

Le lendemain, Sylvius se promenait seul, à sept heures du soir, sous les Ormes. Clémence se fit un peu attendre. Sylvius était très-content, trouvant par là matière à discussion. Quand elle arriva :

— Pourquoi, lui dit-il, viens-tu si tard ?

— On ne fait que sortir de la couture, répondit-elle.

— Ce n'est pas vrai. Tu auras été sur le Bourg te faire faire la cour.

— Laisse-moi tranquille avec les faiseurs de cour.

— Non pas, je sais beaucoup de choses.

— Bien des bêtises.

— Tu me trahis. On t'a vue avec...

— Sylvius, si tu crois que je viens ici pour t'entendre toujours *bougonner*, j'aime mieux ne plus revenir. Tu as un affreux caractère; tu tournes tout le monde en dérision, moi la première. Tu me donnes un tas de noms *qu'on* ne m'appelle plus que comme ça à l'atelier. Je fais tout pour te plaire, rien n'y fait; on n'a jamais vu d'homme comme toi.

— Allons, dit Sylvius, tout cela est très-adroit de ta part. J'ai des reproches à te faire, je crois que tu vas te repentir. Point, c'est moi qui suis l'accusé, tu me mets sur la sellette. Oh! les femmes!

— Certainement que je suis malheureuse. Toutes mes amies le disent bien.

— Clémence, venons au fond des choses. Tu m'as donné une bourse.

— Oui; après?

— C'est bien toi qui l'as brodée, au prix de nuits passées et de veilles?

— Il y a longtemps que je te l'ai dit.

— Pourquoi as-tu menti? pourquoi mens-tu sans rougir? Tu as acheté cette bourse chez madame Babouillard, la mercière.

— Oh! dit Clémence indignée, qui est-ce qui peut faire des inventions pareilles?

— Ces inventions sont des réalités. On t'a vue l'acheter. Je me moque d'une bourse de marchand; ce que j'aimais, c'était la bourse confectionnée par tes mains. Tiens, la voilà, je n'en veux pas.

Clémence prit la bourse et la déchira en mille morceaux. Puis la colère fit place aux larmes; elle sanglota en marchant seule en avant. Sylvius était moitié ému, moitié content. Il réfléchissait, né sachant trop comment arrêter une douleur aussi impétueuse. Il voulait aller demander pardon à son amie; mais l'amour-propre le retenait. Enfin, faisant un grand effort sur lui-même :

— Clémence, lui dit-il, c'est aujourd'hui la dernière fois que nous nous voyons, — mon parti est tout pris, — à moins que tu ne consentes à ce que je vais te proposer. J'admets que j'ai été quelquefois d'une humeur assez désagréable à ton égard; mais, toi, es-tu sans reproche? J'ai oublié que tu étais retournée avec Renard, mais je n'oublierai pas la bourse. Je te laisse deux jours de réflexion...

— Comment veux-tu que je te prouve mon amour? dit Clémence.

— Attends un peu. Tu iras d'ici à la butte de Gargantua à pied, sans souliers et sans bas, en manière de pénitence; je te suivrai aussi pieds nus, à vingt pas de distance. Il n'y a qu'une petite lieue et demie. Nous ne devrons, sous aucun prétexte, nous adresser la parole. Si nous rencontrons des tas de grès sur la route, nous devrons monter dessus afin de faire pénitence plus complète. Alors, je te pardonne.

— Mais, Sylvius, tu es fou. Il y a longtemps qu'on le dit; je commence à le croire aujourd'hui.

— Tu diras pendant deux jours que je suis fou, Clémence; mais, le troisième, si tu m'aimes, tu viendras en pèlerinage.

— Oh! non, jamais.

— Je t'assure que tu iras. Viens m'embrasser, et, dans deux jours, — je ne te verrai pas avant, — rends-moi réponse.

Les deux amants se séparèrent.

Deux jours après, Théodore vint trouver Sylvius et lui dit :

— Clémence est partie avec un capitaine d'artillerie pour Paris.

— Grand Dieu ! il l'aura enlevée, dit Sylvius en pâlissant.

— Non pas, c'est elle qui enlève le capitaine; elle a dit à Adèle de te souhaiter le bonjour.

MADAME ANDRÉ.

I

Amours de portière.

Jusqu'ici, la portière a été dépeinte par tous les écrivains comme l'animal le plus terrible de la création. La portière est arrivée à l'état de *monstrum horrendum!* Tous les prétendus supplices qu'un écrivain — race irritable s'il en fut — a éprouvés dans dix logements de la part de dix portières, il les groupe sur une seule tête et se venge en peignant la portière. Qui ouvre les journaux? la portière. — Qui fait monter les créanciers le matin?

la portière. — Qui dit à une maîtresse que « monsieur est avec *quelqu'un*, » en souriant malignement? la portière. — Qui fait des cancans dans la maison? la portière.

Lui en aura-t-on jeté, des accusations, à cette infortunée qui ne peut se défendre ! La littérature contemporaine aura à répondre un jour d'avoir condamné iniquement deux innocentes : la portière et la belle-mère. — Le temps est venu de les réhabiliter toutes deux. Aujourd'hui la portière, demain la belle-mère.

Pardon, Sylvius, si je *trahis l'amitié* en racontant les douces journées que tu passas rue de Vaugirard ; mais à toute défense, il faut des preuves. D'un autre côté, j'ai songé qu'il était difficile de trahir l'amitié, plusieurs philosophes ayant déclaré que l'amitié n'existait pas. Il est vrai que, six pages plus loin, les mêmes philosophes cherchaient à insinuer, par des apophtegmes, qu'il était mal de *trahir l'amitié;* ce qui m'a donné une méchante idée des philosophes.

Il y avait trois semaines que Sylvius était allé installer sa misère joyeuse et ses meubles *meublants* dans le quartier Vaugirard. Pour peu d'argent, il avait trouvé un appartement composé de deux mansardes, où l'on avait toute la peine du monde à demeurer debout. A part ce léger défaut, blanches, gaies, petit papier à fleurs, croisées à

tabatières, pas de cheminée, le plus charmant logement du monde. Une vraie mansarde de poëte. —
Quelque chose de très-rare aujourd'hui, où il y a
tant de poëtes et si peu de mansardes. — Comme
Sylvius avait bonne mine, on lui avait loué sans
aller aux renseignements. La voiture de déména-
gement arriva le 8 au soir; ce fut un coup de foudre
pour la portière. Une impression d'emménagement
qui se traduit par ces mots : « Un locataire qui ne
payera pas. »

En effet, la voiture — c'était une voiture à bras
— avait un aspect triste, bohême, *poussiéreux* et
misérable qui rappelait la gravure du *Convoi du
Pauvre*, —un corbillard suivi par un chien. — On
y voyait :

Un fauteuil Louis XV en tapisserie,

Une cruche à eau,

Un lit de sangle et deux chaises dépaillées,

Des paquets de livres,

Une table d'âge,

Un matelas à laine dubitative,

Une tête de mort au bout d'un balai,

Et bien encore quelques autres objets, mais dits
de curiosité, et qui ne suffisaient pas à compléter un
mobilier. Sylvius suivait la charrette avec deux de
ses amis, veillant à ce que rien ne se perdît. Le
soir, Sylvius accrochant la clef dans la loge, la
portière lui dit :

— Vous êtes seul, monsieur?

Ce à quoi il répondit que oui, ne comprenant rien à cette question.

La demande était bien naturelle. La portière voulait savoir par là si quelqu'un faisait le ménage du nouveau locataire. — Il faut dire que Sylvius avait le droit de s'étonner de cette question, personne, excepté lui, n'ayant jamais fait son ménage. Pendant les trois premiers mois, il remit sa clef dans la loge, ne disant mot, et ôtant simplement son chapeau comme il convient. Les voisins dirent que c'était un jeune homme étrange, et qui avait certainement des chagrins. Un jour, il reçut une lettre de sa mère, très-malade. Il fit sa malle au plus vite et alla prévenir le propriétaire. Mais le propriétaire, qui avait eu vent du mobilier fantastique et impalpable de son locataire, ne voulut lui permettre, sous aucun prétexte, de sortir sa malle. Après toutes sortes de raisonnements repoussés avec perte, Sylvius emporta sa malle sur les épaules, ce qui réussit, le propriétaire n'ayant pas eu le temps de prévenir madame André.

— Allons, se dit-il, ma portière est une brave et digne femme. Et il alla trouver son ami Georges, un paysagiste, et lui donna sa clef pour voir à ses affaires en son absence. — Quelques jours après, Sylvius reçut cette lettre :

« Mon ami, je viens de passer chez toi. J'ai causé

deux heures avec ta portière. Ah! quelle portière! une perle dans une loge! un ange, enfin! Tu connais mon amour pour les châtaigniers, je préfère ta portière. Je comprends que tu caches un pareil trésor. Jaloux! Elle m'a parlé longuement de toi; cette femme t'adore. Elle s'étonne de tes façons mélancoliques. Les façons mélancoliques m'ont beaucoup diverti. Jouerais-tu le spleen dans cette maison, toi qui es si fou et si gai? Elle m'a dit, pensant que j'étais ton meilleur ami, que je pourrais parler en sa faveur. Sais-tu ce qu'elle veut? elle veut faire ton ménage. Pourquoi veut-elle faire ton ménage?... »

Quelques jours après, Sylvius arriva et il dit à la portière :

— Madame, quand vous voudrez faire mon ménage, faites-le! Je ne vous demande qu'une chose ; ne rangez rien !

— Mais, monsieur, dit-elle en souriant, il est bien difficile de ne pas ranger.

— Pardon, madame, c'est simple. J'aime le désordre et je trouverais très-ennuyeux de vivre dans une chambre balayée, lavée et appropriée tous les jours. De grâce, ne rangez pas !

— Comme il plaira à monsieur.

— Je ne reviendrai guère avant minuit; ayez la complaisance de mettre la clef en dehors, afin de ne pas vous déranger.

Sylvius courut chez son ami Georges, et tous
deux s'en allèrent chez Katcomb, un trou anglais,
le seul endroit de Paris où l'on mange du véritable
rosbif, et où l'on boit du *grog* réel.

— Georges, quelles sont ces histoires de portière que tu m'as écrites?

— Je t'ai dit la vérité. Cette femme t'aime.

— Ah! Seigneur, détournez de moi ce calice.

— Peut-être pas si amer que tu le crois.

— Crois-tu que je vais m'amuser à aimer une
femme de quarante ans, voire même quarante-
cinq...

— Mais je puis m'être trompé, Sylvius, elle ne
t'aime peut-être pas.

— Pourquoi demande-t-elle à faire mon ménage, sinon pour pénétrer à toute heure dans *mes*
appartements?

— Peut-être est-elle entraînée par la soif de
l'or.

— Bah! sept francs par mois ne constituent
pas la soif de l'or; ce serait une bassesse.

— J'ai remarqué, continua Georges, qu'elle lisait un roman de M. de Balzac.

— Ah! dit Sylvius, je suis perdu. Elle lit
Balzac, ceci est grave; cette femme m'aime. Je ne
rentrerai pas chez moi, je veux déménager.

— Allons, rentre, je vais te reconduire.

Sylvius se laissa persuader, et minuit sonnait

lorsqu'il frappa à sa porte ; on fut assez long à ouvrir. Enfin, il put entrer dans la loge, qui était éclairée ; la portière, dans un fauteuil, tenait un livre. Elle avait un peignoir indiscret qui montrait à des yeux curieux une poitrine blanche et bien meublée. Sa bouche souriante laissait admirer des dents pures comme celles d'un caniche. Elle avait de grands yeux bleus humides ; Sylvius la regardait ; elle lisait tranquillement...

— Vous rentrez bien tard, monsieur, dit-elle gracieusement.

— Oui, je vous dérange ?

— *Au contraire*, je lisais. Voilà votre clef, monsieur, dit-elle en la présentant à Sylvius.

— Georges a raison, pensa Sylvius. Moi qui prenais cette femme pour une portière, je m'aperçois que cette portière est une femme. Quant à l'amour, je serais trop heureux si elle y songeait. Elle n'a pas quarante ans, tout au plus trentequatre à trente-cinq. Elle a dû éprouver réellement des malheurs ; sa voix est d'une grande douceur. On dirait presque une princesse déguisée ou une bâtarde de grand seigneur ; je lui trouve le nez bourbonien. Dois-je l'aimer ou ne l'aimer pas ?

Le lendemain matin, de bonne heure, on frappa à la porte de Sylvius :

— C'est moi, Mélanie, dit-on.

Mélanie était une petite ouvrière que Sylvius avait trouvée au bal.

— Il faut la sacrifier, pensa-t-il, je n'ouvrirai pas.

— Sylvius, Sylvius, criait la voix, ouvre donc?

Mais il ne répondait pas, et, pendant que ces dix-huit ans frappaient à sa porte, il songeait à l'amour de trente-cinq ans, amour pour lui inconnu jusque-là. La femme qui met en jeu ses dernières années doit chercher à les dorer d'amour.

— La femme de quarante ans qui aime, aime violemment. Elle en est au chant du cygne. Si jusque-là elle a placé son amour à la légère, elle veut à quarante ans le placer à gros intérêts. Elle a alors quelques points de ressemblance avec l'usurier. Ce qu'elle déploie de coquetteries pour faire oublier la patte d'oie accusatrice doit être immense.

— A la patte d'oie, baromètre des années, elle préférerait des cheveux blancs.

— J'ai vu des femmes en cheveux blancs très-jeunes, s'écria Sylvius en coupant court à ses pensées.

— Sylvius, Sylvius, dit une dernière fois Mélanie en meurtrissant son joli poing contre la porte.

Et elle s'en alla en faisant résonner avec colère les marches de l'escalier. Quelques minutes après,

Sylvius reconnut la voix de la portière; il se leva, passa un pantalon à pieds et courut ouvrir :

— Monsieur, une petite demoiselle est venue vous demander.

— Avez-vous dit que j'y étais ?

— Oui... je ne sais pas si j'ai bien fait...

— Très-bien ! ne laissez plus monter cette petite.

La figure de la portière s'illumina.

— Elle m'ennuie, continua Sylvius, elle me dérange ! il faut la promener, l'avoir partout avec moi. Et puis je ne l'aime pas.

— Elle a l'air un peu... commun, n'est-ce pas, monsieur ? ces femmes-là compromettent toujours. Ainsi, je ne la laisserai plus monter.

— Jamais; vous lui direz que je n'y suis pas.

— Vous devriez, monsieur, puisque vous sortez très-tard, déjeuner chez vous. Je pourrai vous faire du chocolat tous les matins ou du café...

— Vous êtes trop bonne... j'accepte... Je suis très-heureux d'avoir rencontré une femme aussi... aim... aussi serviable que vous. Il y a trois mois que je vous connais, et cependant je ne vous ai *vue* qu'hier.

Sylvius avait une certaine manière de prononciation, qu'on pourrait appeler l'*italique* de la conversation, qui donna à ce mot *vue* un sens tout particulier. La portière fixa ses grands yeux bleus vers Sylvius, lesquels yeux renfermaient autant de flèches que tout le carquois de Cupidon. Et elle descendit.

— Elle a, dit-il, quelques jalousies à propos de Mélanie; tant mieux. Sur quoi il s'habilla radieux, descendit les escaliers en chantant, et trouva le moyen de caqueter une heure dans la loge en prenant ses lettres.

— Ah! que tu as l'air radieux! dit Georges en le voyant arriver; aurais-tu hérité?

— Ma portière! ma portière! ma portière!

— Eh bien, qu'y a-t-il?

— Tu avais raison, Georges; je l'ai vue dans ses yeux bleus. Les beaux yeux, hein! les belles dents! les beaux...

— En es-tu déjà à la cataloguer?

— Non. Je lui ai sacrifié Mélanie.

— Tu as eu tort.

— Elle m'aime, j'en suis sûr.

Mais, Georges, je suis embarrassé. Je ne peux pas décemment *déclarer ma flamme* à une portière de trente-cinq ans.

— Tu me disais quarante-cinq hier.

— J'avais tort; elle n'a que trente-cinq ans; mais il n'est pas question de l'âge...

— C'est facile. Reste chez toi quatre jours. Sois malade — dans ton lit. Une indisposition... Elle te soignera. Tu parleras beaucoup de l'amour. Un peu de *byronisme* ne fera pas de mal. On ne t'aura jamais aimé réellement et pour toi ; avec cette tartine tu peux parler pendant trois jours. Tu mêleras un peu de jeune fille légère et aimant le plaisir, etc., etc... Ce que je te dis là, Sylvius, doit servir de *cliché* pour toutes les femmes de trente à soixante.

— Certainement, mais je vais beaucoup m'ennuyer. Pense donc ! quatre jours couché...

— Si tu te conduis bien, ma médecine peut faire son effet le premier jour. Cela dépend de toi.

Sylvius rentra dans sa mansarde, convaincu, et prépara tout ce qui lui était nécessaire pendant sa maladie. Il se coucha, prit un livre, et plaça sur son lit la tête de mort, en songeant que cette tête pouvait jouer un grand rôle et servir au besoin à des déclamations de mélodrame. Dans la soirée, Georges vint le voir et lui donner du courage.

— Crois-tu pas, dit Sylvius, qu'il ne serait pas plus raisonnable de lui écrire mon amour ? -

—Non, cela n'avance à rien. Après la lettre, il y aura une entrevue, et tu seras mille fois plus embarrassé qu'auparavant. Puisqu'elle n'est pas encore montée, je vais lui parler en descendant. Rappelle-toi bien les conseils que je t'ai donnés. Adieu.

Cinq minutes après, la portière montait.

— Votre ami m'a dit, monsieur Sylvius, que vous étiez malade.

— Oh! malade, non, je suis malheureux, ennuyé, dit-il de l'air le plus mélancolique.

— Désirez-vous que je vous tienne un peu compagnie ?

— Cela ne sera guère divertissant pour vous, madame.

La portière s'assit sur un fauteuil près du lit.

— Oh! dit-elle tout d'un coup, une tête de mort ! Fi ! la vilaine chose !..

— C'est pourtant l'image du bonheur... quand on est malheureux... Pourquoi est-on si lâche... Il faut si peu de temps pour mourir...

— Eh bien, Sylvius ! dit-elle en lui prenant la main, voulez-vous chasser bien loin ces vilaines idées... Mais vous avez la fièvre, votre main est brûlante... Pauvre jeune homme...

— Avoir été trompé..., reprit Sylvius qui jugea convenable de se donner le délire ; ma poitrine brûle... mon front est ardent... J'aime, hélas ! une femme qui l'ignore.

Il saisit en même temps l'autre main de sa garde malade et il la regarda fixement :

— Elle ne m'aimera jamais, n'est ce pas ?

— Pourquoi? il faut le lui dire... Oh ! vous me serrez trop les mains... Pauvre jeune homme, il délire...

— C'est que mon amour est violent, et que, si cette femme veut le partager, il faudra qu'elle le jure sur cette tête de morte chérie... c'est la tête d'une de mes cousines... Pauvre enfant...

Le délire de Sylvius augmentait.

— Jurez-le, s'écria-t-il en amenant de force les mains de la portière sur le crâne, jurez que vous m'aimerez pour la vie.

— Il faut vous satisfaire, dit-elle.

Et, comme elle se penchait au-dessus du lit pour accomplir le serment, Sylvius se leva d'un bond, la saisit par la taille.

— Y pensez-vous, Sylvius ?

II

Sylvius à Théodore.

« Quelquefois, il me prend de violentes envies de retourner dans notre petite ville ; surtout les soirs où je traverse le pont des Arts. Le vent de ce pont me rappelle le vent de notre montagne de L***. Alors, je songe à vous tous qui m'aimiez, je songe à la promenade des Ormes, je songe à M. le commissaire de police, notre victime. Heureusement cet accès de nostalgie ne dure que cinq minutes.

» Mes souvenirs heureux ne peuvent guère
lutter avec mes souvenirs malheureux. Je ne sais
comment tu peux rester en province, avec ces gens
étroits de cœur et d'imagination, qui passent leur
vie à peser des riens et à discuter des moins que
rien. L'individu le plus heureusement organisé,
demeurant en province jusqu'à l'âge de vingt-cinq
ans, sentira un jour assoupies ses facultés. L'air
de la province est un poison lent, qui endort pour
la vie les meilleures intelligences. Aussi, si je me
suis conservé jeune dans ta petite ville, le dois-je
à cette vie délurée et excentrique dont personne
ne comprenait le but.

» J'ai appris par Clémence, dite Vertu-des-Rois,
que tu te rangeais. Tant pis. Ce sont les premiers
symptômes du poison. Donc, j'ai revu Vertu-des-
Rois. La première fois, j'étais presque ému. On ne
revoit jamais sans émotion sa première maîtresse.
Elle fut très-aimable pour moi, et rien n'eût été plus
facile que de renouer ces anciennes amours; mais
je voulus attendre... A notre seconde entrevue, je
la vis si indifféremment, que je ne retournai plus
chez elle. Ce n'est pas en amour que la queue cou-
pée du serpent se rattache au corps.

» Aussi bien, d'autres liaisons se préparaient.
Il est présumable que le cœur a une seconde vue,
et qu'il devine longtemps à l'avance qu'il va avoir
force occupations. Comme le cœur est un grand

tyran et qu'il est le maître absolu de toute notre
machine, il agit à sa guise, chasse les anciens souvenirs, évoque des pensées nouvelles ; enfin, mon
cœur a rejeté violemment Vertu-des-Rois. L'ingrat,
en tout ceci, est mon cœur.

» J'ai pu être aimé décemment d'une femme de
peu, et l'avouer comme on avoue une bourgeoise.
D'ailleurs, elle avait les mains blanches, un grand
point dans le code amoureux, et elle lisait couram-
ment Balzac et madame Sand. J'entends par *cou-
ramment* qu'elle les comprenait.

» Nous en sommes arrivés tout de suite à l'a-
mour *plastique*, la meilleure preuve que j'ai
renoncé à mes idées platonico-provinciales qui te
faisaient rager si fort. Cette femme méritait presque d'être une femme supérieure. Elle me disait :
—Mon ami, j'ai trente-cinq ans, vous m'aimerez
huit jours. Je ne m'en plains pas, c'est huit jours
que j'ajouterai à la maigre addition de mes jours
heureux. J'ai trente-cinq ans et vous en avez vingt-
deux. Mes cheveux sont toujours mes cheveux
noirs d'il y a quinze ans ; mais, un matin, ils seront
gris pour vous. Mon front est toujours blanc et
vierge de rides ; mais, un soir, vous les chercherez,
ces rides terribles et vous en trouverez. Mon ami,
trente-cinq ans sont un prisme menteur qui nous
vieillit toujours.

Je n'en écoutai pas davantage, Théodore. La

charmante femme ! Je baisai son front pur, en passant ma main dans ses cheveux. Dis-moi si c'est-là
une portière... qui me dit *vous*, — une délicatesse
inconnue aux femmes de notre pays. J'ai vécu cinq
mois de cette vie heureuse ; lorsque j'ai appris par
hasard que cette femme si aimante, si dévouée, qui
avait tant d'imprévu en amour, était la maîtresse
de mon propriétaire. Ah ! mon ami, j'ai pleuré
d'abord, et puis la colère est venue... Je cours à sa
loge, je l'insulte, l'ingrate ! je crie, elle se trouve
mal, les voisins accourent, je raconte mes aventures ; j'étais si malheureux... La douleur est aussi
indiscrète que le vin... Toute la maison sait mes
amours.

» Je remonte chez moi avec des trésors de
rage. Je pense à aller trouver le propriétaire, mon
rival... Les mains blanches de la portière étaient
expliquées ! Mais, abattu, je me jette sur mon lit, et
deux jours se passent sans que je descende. Je
craignais de la revoir... Le gros de la douleur
passe, je me sens faim. — Elle n'y est plus, me dit
une vieille voisine qui savait à peu près officielle-
ment notre commerce. — Ah ! tant mieux. — Le
propriétaire l'a chassée à la minute ; quelqu'un
aura été bavarder chez lui. Dame ! c'est un peu
votre faute. — Pauvre femme ! dis-je en me sur-
prenant quelques traces de pitié. — Elle voulait
vous revoir, elle n'a pas osé. — Et elle a bien fait,

répondis-je en me rappelant les blessures de mon cœur.

» Dans la loge, étaient déjà installés un cordonnier et sa femme. Cela me serra le cœur. Je l'avais vue là la première fois, et, quand elle y habitait encore, cette loge était un petit logis parfumé. Aujourd'hui, ce drôle qui raccommode des bottes, cette créature qu'on ose appeler femme, et cette odeur de poix et de cuir me font voir la loge dans son odieuse réalité. — C'est vous qui êtes le jeune homme du second? me dit le portier. — Oui. — C'est que le propriétaire a bien recommandé qu'on n'oublie pas de vous donner ce papier.

» Je pris le papier. C'était un congé par huissier. Le propriétaire se vengeait : il avait été aussi cruellement blessé que moi de l'infidélité de madame André. Sa colère fut terrible; dans six semaines il fallait déménager. Et je devais trois termes. Le 8 arriva. Vous autres provinciaux, vous n'avez pas la moindre idée du 8. Chiffre terrible qui se renouvelle tous les trois mois ! Les braves femmes parlent du 13, comme du nombre le plus néfaste des nombres. Mais le 13 ne s'empare que des esprit faibles et crédules, tandis que le 8 est réel, sérieux et brutal comme un coup de canon. Lorsque midi sonne, le 8 vous crie :—De l'argent! de l'argent! de l'argent!

» Après toutes sortes d'emprunts, j'avais trouvé

4

de quoi payer deux termes. Le propriétaire fut
inflexible. Sa vengeance était impitoyable. On garda
mes meubles. Mes pauvres meubles! J'ai laissé-là,
à cause de trente francs, mes vieilles gravures, mes
vieux livres, une commode ébréchée, une table
boiteuse, trois ou quatre chaises dépaillées. Un
mobilier abandonné... ce fut là une douleur terrible pour moi. Tu ne sais pas comme on tient à
mille babioles accoutumées. Ce n'était pas l'argent
que je regrettais, j'en avais plus que la valeur des
meubles; mais ce sont de vieux amis qui ont été
les confidents de vos joies et de vos peines; ce sont
des amis sur lesquels on s'est assis, et qui vous ont
toujours fait le même accueil. L'accueil de mes
chaises était un peu dur, il est vrai! Si bien que
j'ai emporté mon lit et une chaise, ainsi le veut la
loi.

» Je t'ai écrit un peu pour te donner ma nouvelle adresse, un peu pour te conter toutes ces
choses, dont je te laisse la qualification. Adieu, et
songe un peu à ton ami.

» SYLVIUS. »

EUGÉNIE LA BLANCHISSEUSE,

I

Les femmes doivent toujours se garder d'un amour d'artiste.

Sylvius prit un nouveau logement et acheta quelques meubles. Le logement brillait tellement par sa simplicité, qu'il est inutile de le décrire.

Un soir que Sylvius traversait la cour, il aperçut devant lui une femme tenant une chandelle. Il marcha rapidement et arriva en même temps qu'elle au pied de l'escalier.

La jeune fille était court vêtue : un simple jupon

par-dessus la chemise, et un fichu au cou. Elle s'arrêta à l'escalier comme pour laisser passer Sylvius, qui, pour ne pas manquer aux lois de la politesse, montra l'escalier d'un geste. La jeune fille attendait... Sylvius renouvela son geste sans plus de succès... Tous deux étaient à peu près dans la critique situation des personnes qui, sur un trottoir, cherchant à passer outre, se rencontrent toujours.

La jeune fille partit alors d'un éclat de rire si franc, que Sylvius comprit pourquoi elle ne montait pas la première. Elle craignait les indiscrétions de son costume de nuit. Sylvius grimpa l'escalier suivi de la jeune fille; et, en se retournant plus d'une fois, il vit qu'il avait affaire à une femme jeune et robuste, dans tout l'épanouissement de la santé.

La nouvelle position de Sylvius était aussi favorable que celle crainte d'abord par la jeune fille. Trois marches à peine les séparaient... Le fichu qu'elle avait jeté, pour la forme, sur ses épaules, n'avait nulle envie de former une solution de continuité avec la chemise, et Sylvius pouvait admirer sans entraves ce que la voisine croyait si bien caché. Jamais Sylvius n'avait vu pareille profusion de cheveux, qui semblaient un torrent essayant de briser le peigne qui leur servait de digue.

— Bonsoir, monsieur, dit-elle en entrant dans

un petit corridor situé à l'étage au-dessous du logement de Sylvius.

— Bonsoir, mademoiselle.

Sylvius rentra chez lui, se mit à son bureau, pensa longuement et prit une carte de visite. A la suite de son nom, il écrivit : « Deux heures du matin. — Je ne dors pas. Votre costume léger m'inquiète et me met la cervelle à l'envers. Je pense à vos beaux cheveux noirs. »

Ce billet avait coûté deux heures de réflexion. Après l'avoir écrit, Sylvius ouvrit sa porte avec autant de prudence qu'un voleur, et ce ne fut qu'après s'être heurté maintes fois contre les murs, que Sylvius crut reconnaître la porte de sa voisine. Il découvrit une légère fente au bas, et put glisser sa carte de visite.

II

D'un bouquet qui fit merveille.

Pendant huit jours, les cartes de visite se succédèrent quotidiennement. Elles ne variaient guère comme rédaction, Sylvius pensant cyniquement, et avec raison, qu'en matières amoureuses *bis repetita placent*.

Un soir qu'il revenait du Luxembourg, il s'aperçut pour la première fois que la place Saint-Sulpice s'était transformée en marché aux fleurs. Il revint

chez lui avec un énorme bouquet; et, comme un
bouquet est un grand seigneur qui se présente
rarement sans se faire annoncer, il l'accompagna
d'une page présumée incendiaire, dont voici un
fragment :

« Ma belle voisine, qui avez des cheveux noirs,
pourquoi faut-il que je vous aie rencontrée? Vous
m'avez volé le sommeil... *Je vous aime.* On a dû
vous dire bien des fois ces trois mots si beaux et si
communs. Laissez-moi vous les redire de vive voix;
assurément, vous ne les aurez jamais entendus
d'une voix plus sincère. Ils sont plus harmonieux
que toutes les musiques du monde, et ceux-là seuls
qui ne sont pas amoureux s'en servent faux. »

— Je ne crois pas, se dit Sylvius après avoir
relu ce paragraphe, que M. de Voiture et M. de
Benserade aient jamais produit pareil galimatias.
Maintenant, il s'agit de terminer par une finesse
amoureuse de la même école. — Et il continua :

« Ma belle voisine, j'attends votre réponse. Sur
ma foi, j'ai l'espérance, car vous avez la charité.

» SYLVIUS. »

L'épître terminée, il descendit à pas de loup son
escalier, mit le bouquet dans le trou de la serrure
de la voisine et jeta le billet sous la porte.

Il était dix heures du soir. Sylvius, certain que

la jeune fille n'était pas rentrée, laissa sa porte entr'ouverte, s'établit dans son fauteuil et lut. Une demi-heure après, il dressa l'oreille; il avait entendu un bruit de pas à l'étage au-dessous. C'était bien *elle!* il se mit derrière sa porte, placé de manière à entendre le moindre bruit.

La voisine, tout d'abord, aperçut le bouquet; elle le prit en froissant le papier, ce qui donna à croire à l'écouteur qu'elle était formalisée. Sylvius, n'entendant plus aucun bruit, pensa que sa conduite avait été un peu hasardée.

Tout à coup, la voisine ouvrit sa porte, et se prit à chanter de sa voix la plus joyeuse.

—Hein! qu'est-ce cela? se dit Sylvius. Que veulent dire ces *rossignolades?*

A travers une fente de la porte, Sylvius put apercevoir la voisine sortant prudemment du corridor et regardant dans la direction du second étage. Les rossignolades continuaient avec une telle ardeur, qu'une vieille femme, dont la porte faisait face à celle de Sylvius, se montra en criant :

— Hé! la folle qui s'avise de chanter à des onze heures trois quarts du soir. Tiens, dit-elle en voyant la porte entr'ouverte d'où s'échappait de la lumière, vous êtes encore sur pied, monsieur Sylvius?

— Mais cela n'a rien de bien extraordinaire, répondit-il en paraissant.

— Ça n'a pas d'égard pour les personnes âgées, ces filles-là ?

— Quelles filles ? demanda Sylvius.

— La blanchisseuse, j'imagine.

— Eh ! ne serait-ce qu'une blanchisseuse ? fit Sylvius en se retirant, désappointé.

Quelques minutes après, on montait les escaliers.

— Oh ! se dit Sylvius, elle a l'audace de venir chez moi.

Mais il se trompait, la jeune fille venait tout simplement jeter sur le carré un tas de papiers et de morceaux d'étoffes. C'était peut-être, un prétexte à rencontrer le voisin. En l'entendant, la vieille femme sortit de son logis.

— Ah çà, la belle, quelle conduite menez-vous ?

— Vous voyez, je jette des loques au tas.

— Ce n'est pas ça ; couchez-vous tranquillement, ou je me plains au propriétaire.

La jeune fille descendit précipitamment, fort contrariée de n'avoir pu rencontrer Sylvius. Malgré tout, elle tint sa porte ouverte.

— J'ai commencé, se dit Sylvius, je ne puis en rester là. Elle est blanchisseuse, mais on a vu des blanchisseuses qui...

Comme il allait sortir, il remarqua avec colère que la vieille voisine veillait encore et qu'elle allait l'entendre descendre les escaliers.

— Ah! la sorcière! s'écria-t-il, elle se doute de quelque chose.

Il rentra chez lui, passa un pantalon à pieds propre à marcher plus mystérieusement, et s'enveloppa d'une façon de robe de chambre monacale, couleur de mystère.

Il était en train de terminer ces préparatifs, lorsque la porte de la blanchisseuse se ferma violemment.

— Allons, la voilà furieuse de m'avoir trop longtemps attendu. Descendons, malgré tout!

Heureusement la voisine âgée, fatiguée de veille inutilement, s'était renfermée. Sylvius arriva sans avoir éveillé l'attention de personne à la porte de la jeune fille. Nul bruit ne se faisait entendre à l'intérieur, et la serrure ne laissait échapper aucune trace de lumière.

— Elle dort, pensa-t-il.

Il gratta mystérieusement à la porte.

On ne répondit pas.

Il regratta plusieurs fois.

— Qui est là? fit une voix féminine.

Sylvius, pour ne pas compromettre la jeune fille auprès des locataires, répondit : *Moi*, par le trou de la serrure.

— Qui, vous?

— Si elle croit que je vais entamer un dialogue séparé par une porte! pensa Sylvius.

En même temps, il entendit le craquement d'une allumette chimique, sans nul doute destinée à allumer la chandelle et à reconnaître le mystérieux visiteur. On ne sait encore quelle idée passa par la tête de Sylvius; mais il se retira doucement en descendant les escaliers. La blanchisseuse fut fort étonnée de ne trouver personne. Elle sortit du petit corridor, et, guidée par un rire qu'elle entendit à l'étage au-dessous, elle descendit courageusement. Sylvius descendait aussi.

Arrivé dans la cour :

— C'est assez, se dit-il, remontons.

Et il grimpa les escaliers, toujours sans bruit, mais voyant avec surprise une ombre en face qui semblait guider ses pas sur les siens, c'est-à-dire qui franchissait une marche à mesure qu'il en franchissait une autre.—La distance était toujours égale.

Au milieu de l'escalier, Sylvius s'arrêta, et l'ombre s'arrêta.

— *Elle* a du courage, dit-il.

Et il monta. L'ombre monta, jusqu'à ce qu'elle disparût dans le petit corridor. Sylvius la suivit, et, voyant un rayon de lumière qui sortait d'une porte, il arriva jusqu'au seuil.

— Entrez donc, dit la blanchisseuse en voyant Sylvius la tête encapuchonnée, et qui, restant immobile sur le seuil de la porte, cherchait évidemment à produire de l'effet.

Sylvius ne se fit pas prier, et, d'un bond, il s'élança sur le lit.

On va crier au scandale, à l'impudeur et à mille autres billevesées, que les gens dits moraux et sérieux ont constamment dans la bouche. Mais le romancier, fort de son innocence, poursuit sa route sans s'inquiéter de ces clameurs.

Sylvius sauta sur le lit, par la seule raison qu'il n'y avait pas de chaises. Il y en avait une, mais elle était occupée par la jeune fille.

— Votre nom, ma belle voisine? demanda Sylvius.

— Je m'appelle Eugénie.

— Je l'ai demandé plus d'une fois *aux échos d'alentour*, malheureusement cette maison ne possède pas d'échos d'alentour.

— Je vous remercie, mon voisin, de votre charmant bouquet.

— Oh! pourquoi en parler? Je vous remercie bien plus, ma chère Eugénie, d'avoir conservé le galant costume qui vous couvrait le premier jour que je vous aperçus. Avez-vous lu tous mes billets?

— Oui. Vous êtes un moqueur.

— Vous voyez bien dans mes yeux que je ne me moque pas et que je vous aime...

— Tout le monde dit ça.

— Ah! Eugénie, pourquoi me confondez-vous

avec tout le monde ? Tout le monde, c'est les gens
qui n'aiment pas, qui ne sentent pas, qui ont l'art
de chanter auprès des femmes un air convenu, en
changeant la ritournelle... Ceux-là ont beaucoup
de succès, les femmes sont si niaises...

— Eh ! mais ce n'est guère galant, ce que vous
me dites-là, répondit Eugénie.

Est-il besoin d'indiquer que Sylvius, étendu sur le
lit, tenait dans ses mains les mains d'Eugénie, assise
sur une chaise ? Si cela est inutile, il sera bienséant
d'ajouter que certains nuages passaient de temps
en temps sur le front de Sylvius. Eugénie *avait les
bras rouges*. Cette abondance de santé peut plaire
à quelques-uns ; mais Sylvius avait d'autres idées ;
la *femme maigre* était son rêve et chatoyait fré-
quemment dans ses pensées. Les bras d'Eugénie
apportaient une fatale influence dans la conversation. Aussi dit-elle :

— Il est temps de vous retirer, Sylvius. Je suis
fatiguée... et les voisins !...

— Je vais m'en aller, répondit Sylvius.

Il resta, à la faveur d'une longue histoire. Au
bout d'une demi-heure :

— Je vous en prie, Sylvius, il est trois heures,
je voudrais dormir...

— Allons, Eugénie, je vous obéis... Adieu, dit-
il en allant vers la porte... Ah ! j'ai laissé ma clef
en dedans...

— Est-ce bien vrai, dit-elle en riant.

— Aussi vrai que je vous aime.

— Ce n'est pas vrai alors...

— Eugénie, allez voir; et, si la clef n'y est pas, croirez-vous à mon amour.

— Peut-être.

Elle sortit et revint en toute hâte.

— Je crois à la clef, mais pas à votre amour... il faut vous en aller, malgré tout...

— Oh! l'inhumaine, vous me laisseriez mourir de froid dans les escaliers.

— Pensez donc aux voisins... et puis je suis fatiguée... Il faut que je me lève de bonne heure...

— Couchez-vous, Eugénie; je resterai sur le plancher, je suis accoutumé à la dure...

Eugénie se coucha. Sylvius éteignit la chandelle, et, suivant ses promesses, s'étendit sur le parquet. Après cinq minutes :

— Dormez-vous, Eugénie ?

— Ce ne sera pas long.

— Votre parquet est très-dur...

— Eh bien, asseyez-vous sur la chaise...

Sylvius s'assit sur la chaise contre le lit. Eugénie s'était retirée dans la ruelle.

— Eugénie !

— Quoi encore ! vous êtes impatientant...

— Je vous souhaite le bonsoir...

— Ah ! dit-elle d'un accent étonné.

Sylvius sortit. Le souvenir des bras rouges était trop poignant.

III

Reprises perdues.

Quelques jours après, Sylvius jugea qu'il avait été trop cruel et qu'il s'était conduit d'une façon trop spartiate; et, pour se réconcilier avec Eugénie, il lui écrivit :

« Peut-être me traitez-vous d'extravagant, de fou... mais vous m'avez chassé si impitoyablement de chez vous, l'autre soir, à quatre heures du matin... J'étais si heureux dans votre petite cham-

bre, près de vous... Je ne pense plus qu'à vous...
J'ai voulu lire depuis ce temps, et je lis votre nom
à chaque mot.

» Comme je songeais à ces trois heures délicieuses que nous passâmes ensemble, il est venu
dans la cour un orgue qui a joué une valse de
Strauss. Je ne sais si votre souvenir lui donnait du
charme, mais j'ai retenu cette valse tout entière.
Je m'en souviendrai toute la vie; et, chaque fois
que je la chanterai, je penserai à vous. Cette valse
et vous, Eugénie, sont inséparables.

» Je vous ai sans doute paru bizarre... J'espère
toujours... Tâchez de m'aimer un peu...

» SYLVIUS. »

Le soir arrivé, il alla porter cette lettre à la place
accoutumée. Mais la vieille voisine, qui se doutait
de quelque mystère, l'observait. Tout aussitôt, elle
descendit chez le portier.

— Le logement de mademoiselle Eugénie n'est-
il pas à louer?

— A preuve qu'elle déménage dans huit jours,
répondit le portier.

— C'est que j'ai une de mes connaissances qui
cherche un logement. Pourrait-on le voir?

— A la minute, ma bonne dame.

On alla voir le logement. En entrant, la vieille

voisine de Sylvius aperçut une feuille de papier par terre. Elle mit le pied dessus; et pendant que le portier énumérait les nombreux agréments de *cette petite local*, elle fourra adroitement le papier dans sa poche. Après quoi, elle ajouta que *cette local* était bien, mais un peu *petite* pour son amie.

IV

Où peut aller une épitre galante.

Le portier était en train de raccommoder le soir une paire de bottes; la portière, madame Mangin, écumait la soupe, lorsqu'on frappa aux carreaux de la loge :

— Peut-on entrer, madame Mangin?

— Comment donc, mademoiselle, tout à votre service.

— Je voulais vous emprunter quelques allumettes... Les débitants sont si loin, et puis je n'aime pas à sortir seule le soir... On est exposé à rencontrer des malhonnêtes gens...

— Paris en est peuplé, dit la portière.

— Il y en a plus qu'on ne pense, allez, madame, dans les maisons les plus honnêtes...

— Pour ça, je réponds bien de cette maison ici.

— Vous ne savez guère ce qui s'y passe...

— Est-ce qu'il se passerait des choses défendues?

— Ah! dit mademoiselle en prenant un air mystérieux.

— Mon Dieu Seigneur! moi qui disais encore au propriétaire d'à ce matin que *toutes* ses locataires étaient des petits saint Jean.

— Oh! mademoiselle, contez-nous ça.

— Attendez, que je me rappelle bien toutes les circonstances.

Mademoiselle sembla réfléchir. Mademoiselle était une femme de trente-cinq ans, rose, grêlée et coquette. Elle tenait un pensionnat de jeunes filles externes. On savait dans la maison qu'elle était mariée, mais que son mari lui avait *fait tant de traits*, qu'elle l'avait quitté. On ne l'appelait que mademoiselle, malgré son état de mariage.

Tout ce qui est maîtresse ou sous-maîtresse de pension a des rages artistiques. Mademoiselle, ayant ouï dire que Sylvius faisait de la peinture, avait tenté sans succès d'entamer avec lui quelques discussions. Elle revint à la charge, et lui fit demander s'il pouvait lui prêter quelques livres ; mais Sylvius avait en haine profonde les maîtresses de pension, et il lui avait fait répondre assez insolemment que les femmes grêlées ne doivent pas lire. On peut juger quelle haine profonde la maîtresse de pension avait pour lui ; aussi l'espionnait-elle et cherchait-elle à surprendre quelques-uns de ses secrets.

— Figurez-vous, dit-elle, qu'il y a cinq jours, j'entendis un peu de bruit dans l'escalier. Je ne dors pas, ma poitrine est si faible... je regarde bien vite, et j'aperçois dans la cour un homme enveloppé dans un manteau, qui marchait avec précautions...

— Un voleur?... s'écria la portière.

— Non. Pour ne pas vous effrayer, j'en parlai à la vieille dame du second...

— Madame Chénard ?...

— Précisément... Vous ne devineriez jamais qui c'était... Le mauvais sujet qui m'a traitée comme la dernière des dernières...

— M. Sylvius? pas possible...

— Il a des intrigues dans la maison, reprit à voix basse mademoiselle ; il se lève toutes les nuits pour aller voir sa belle, il s'y passe des choses...

— Ah! s'écria la portière, qu'est-ce que vous

me dites-là. Ça fait frémir la nature... Une maison
si honnête, si bien tenue...

— Je n'y resterai pas davantage, reprit mademoiselle; vous comprenez ma chère madame Mangin, j'ai des jeunes filles chez moi, il y en a qui
vont sur leurs quinze ans... il faut s'attendre à
tout d'un pareil garnement... Et les parents, s'ils
savaient seulement le plus petit mot, ils retire-
raient leurs enfants, et ils auraient raison...

— Avec tout ça, reprit la portière, vous ne
me dites pas chez qui il va commettre ses hor-
reurs...

— Tenez, justement, voilà madame Chénard...
Elle en sait plus long que moi là-dessus.

— Ah! bonsoir, madame Chénard; nous vous
attendons... Eh bien, le scélérat, le brigand du
second, il paraît qu'il en fait de belles?

— Jésus! je voudrais pouvoir oublier tout ce
que j'ai entendu... Mon Dieu, c'est pas lui le plus
coupable, c'est la blanchisseuse...

— Quoi! mademoiselle Eugénie? s'écria-t-on
en chœur.

— Je le verrais, que je ne l'aurais pas cru, dit
la portière... Ah! la sainte nitouche, qu'elle n'a
l'air de rien... On lui donnerait le bon Dieu sans
bénédiction...

— J'ai été écouter à la porte, dit madame Chénard; ils disaient des choses, des choses quoi, à

renverser des maisons... Ça me révoltait trop, je me suis en allée...

— Ça suffit bien, dit mademoiselle.

— On a des preuves du tout, s'écria triomphalement madame Chénard en brandissant la lettre volée.

Il y eut un cri d'étonnement et de curiosité.

— Il avoue tout, dit mademoiselle, il dit : *Je suis fou...*

— Ah ! c'est bien vrai, dit le chœur de commères.

— Voilà qui est clair ; il marque : *Comme je songeais à certaines heures délicieuses que nous passâmes ensemble...* Je ne peux pas continuer, c'est d'une immoralité vraiment...

— Allez toujours, il parle d'*une* orgue, après ça d'une valse... Qu'est-ce que les orgues font là-dedans ?

— Il est toqué, c'est sûr, dit le portier.

On entendit un coup de sonnette.

— C'est lui, dit le chœur.

Sylvius rentrait en effet, joyeux comme à l'ordinaire, et ne se doutant pas qu'il servait d'occupation à tout la maison. Il prit sa clef et ne remarqua rien d'extraordinaire dans la mine des vieilles femmes.

En montant les escaliers, il glissa un billet sous la porte d'Eugénie.

Mais, ce soir-là et les suivants, Eugénie ne rentra
pas. Les billets allaient toujours leur train ; ils ne
servaient qu'à faire l'ornement des soirées du portier. Tous les jours, on se réunissait en comité et
on les commentait.

Un matin, Sylvius, s'étonnant de ne jamais rencontrer Eugénie et de ne pas recevoir de réponse
à ses billets, demanda, après toutes sortes de
détours, des renseignements à madame Mangin,
qu'il ne soupçonnait pas avoir pour ennemie.

— C'est la blanchisseuse que vous voulez dire,
répondit la vieille femme. Il y a deux mois qu'elle a
déménagé.

— Ah ! dit Sylvius de la voix d'un homme qui
reçoit une tuile sur la tête.

Six mois après ces aventures, Sylvius, passant
sur le boulevard, reconnut, en équipage, Eugénie,
qui réalisait alors les rêves de son ancien amant.

Elle était arrivée à l'état distingué de *femme
maigre ;* elle lança à Sylvius un de ces regards de
mépris terrible, particulier aux filles entretenues.

MARIANA LA PEINTRE.

La salle des Antiques était à peu près déserte. Quelques tabourets, quelques chevalets et quelques dessins commencés indiquaient cependant la trace de travailleurs qui avaient dû s'absenter momentanément. Seuls, les gardiens du Louvre se livraient à ces promenades sans fin qui leur donnent un air de ressemblance avec les ours.

Sylvius descendit le grand escalier qui mène au
Salon et se plaça en face de l'Apollon du Belvédère. Quand le gardien eut tourné le dos, Sylvius
déposa un billet sur le carton d'un travailleur
absent, et s'enfuit précipitamment. On n'avait rien
vu; l'Apollon était trop occupé à regarder en l'air
pour faire attention à ce manége. Quelque temps
après, une jeune fille descendait le même escalier.
Elle était bizarrement vêtue. Une espèce de peignoir en lustrine noire, passé par-dessus sa robe,
indiquait assez que c'était un vêtement destiné à
protéger ses habits. Elle tenait un appuie-main
très-long, qui aurait pu lui servir à figurer dans
une apothéose de féerie, au moment où la fée
bienfaisante bénit les amants et s'envole dans des
nuages de feux de Bengale. De grands cheveux,
noirs et bouclés, encadraient sa figure légèrement
bistrée. Elle marchait haut la tête, comme *toute*
peintre doit le faire, s'inquiétant peu des gens qui
la regardaient. Arrivée à son tabouret, elle s'assit
et se mit à contempler l'Apollon du Belvédère.
— L'Apollon est propriétaire de cette feuille qui
permet à la mère de conduire sans danger sa fille
dans nos musées. — La jeune fille reporta ses
yeux sur son dessin et parut peu contente, car
elle chercha du pain pour effacer quelque trait
saugrenu, lorsqu'elle aperçut le billet. Elle l'ouvrit
et lut :

« O Mariana!

« Vous êtes un grand artiste et je vous aime.
J'ai passé des heures au Salon, devant votre ta-
bleau, où vous avez dépensé tant de cœur et de
sentiment. Combien de fois, caché derrière l'hermaphrodite, vous ai-je observée copiant l'Apollon.
Vous êtes belle et grande quand l'enthousiasme
vous prend à la vue des œuvres de nos grands
maîtres. Mais je voudrais vous voir dans votre
atelier, inspirée, saisissant vos pinceaux! La
femme a peut-être plus que l'homme le sentiment
de l'art. Me permettrez-vous de vous parler quelquefois, de causer avec vous des chefs-d'œuvre
du Louvre? Je n'ose l'espérer. Voulez-vous que
je vous serve de modèle pour votre prochain ta-
bleau? Ah! dites-moi que oui, et mettez-moi un
peu d'espérance au cœur.

« Si ma démarche ne vous paraît pas trop osée,
je vous attendrai à la sortie, à quatre heures.

« Votre adorateur pour la vie,

« SYLVIUS. »

— Sylvius, dit-elle, je ne le connais pas. Il est
bien hardi! Mais sa lettre est bien écrite. Je m'en
vais aller consulter Juliette.

Et, comme quatre heures s'avançaient, elle

rangea son carton, son chevalet, et monta à la galerie française.

— Juliette, dit-elle à une femme perchée sur une échelle.

— Attendez, répondit celle-ci, il faut que j'use mon restant de cobalt.

Mademoiselle Juliette était *une* peintre expérimentée. Elle possédait quarante ans, des lunettes bleues et des manches. Dix ans de peinture changent totalement la femme. Elle n'a plus de sexe; elle devient presque hermaphrodite; si elle n'avait un jupon, on la prendrait pour un homme. A trente ans, la peintre commence à porter ses cheveux *à l'enfant*. Elle aborde franchement le langage des rapins. Alors, elle avoue qu'elle fait de la peinture *chiquée* et que ses amies font de la peinture *embêtante*. Malgré tout, elle continue à garnir les quais de copies de tableaux de l'Empire, et elle admire sincèrement les tableaux les plus bourgeois du Louvre. Mademoiselle Juliette faisait partie de cette catégorie.

— Qu'y a-t-il, ma petite? dit-elle en descendant cavalièrement son échelle, garnie d'une draperie de serge verte destinée à protéger les jambes féminines contre les regards inquisiteurs.

— Connaissez-vous M. Sylvius?

— Le petit Sylvius! je ne connais que lui. C'est un gaillard qui peint avec une fière pâte.

— Ce n'est pas cela que je vous demande. Est-ce un jeune homme ? beau ou laid ?

— Eh ! pas trop joli ! Il est hardi, par exemple, comme sa peinture. Bon camarade ; il m'a retouché une *boule* de saint Jean, qui me donnait un mal... Mais pourquoi me demandez-vous tant de détails ?

— Tenez, lisez !

Mademoiselle Juliette prit la lettre, la lut attentivement, en se posant sur son appuie-main, et s'écria :

—Voilà une lettre *corsée*. Il vous aime, ma chère. Ce n'est pas là un *poncif* amoureux, comme toutes les déclarations ordinaires d'homme à femme.

— Mais je ne sais trop si je dois accepter un amour aussi brusque.

— Osez, mon enfant. Suivez les conseils d'un artiste qui a de l'expérience. Que diable ! je m'y connais. Le petit Sylvius doit gagner de l'argent ; et vous, vous savez le mal que nous avons à nous tirer des *empâtements* de la misère. A propos, et votre copie ?

— Ma copie est toujours à venir.

— Pourquoi n'allez-vous pas tourmenter Cavé ? Il ne faut pas manquer une audience. Je sais ce que c'est ; mais, pour en revenir à notre affaire, je vous accompagnerai en sortant ; nous verrons bien quelle tournure prendront les choses.

Pendant ce temps, Sylvius était remonté à la galerie espagnole, où il rencontra Schanne, revenu de la province.

— Eh ! Schanne, écoute. Je viens d'envoyer une déclaration à la Mariana.

— Mariana ! je ne la connais pas. Vient-elle ici ?

— Que si, tu la connais ! Une grande brune qui cause souvent avec la vieille Juliette et qui dessine l'Apollon du Belvédère.

— Elle n'est pas mal, mais elle peint d'une atroce façon.

— Ça m'est égal. Aussi lui ai-je dit qu'elle avait un grand talent et qu'elle irait loin. Pense qu'elle n'a pas de mère ni de sœurs comme toutes ces ennuyeuses filles de bourgeois qui viennent ici. J'ai eu le soin de me mettre bien avec la vieille Juliette, mais j'avais mes vues. Je lui ai même retouché une tête.

— Mon ami, si tu m'écoutais, tu ne ferais pas la connaissance de cette peintre. Il faut réfléchir avant que de te lancer dans une voie si périlleuse.

— Messieurs, on ferme ! cria le gardien.

Sylvius jeta ses pinceaux en désordre dans sa boîte et courut, craignant de ne pas se trouver au rendez-vous. Dans la cour du Sphynx, il aperçut mademoiselle Juliette et Mariana qui s'en allaient très-doucement.

— Mon petit Sylvius, dit Juliette, offrez-moi donc votre bras.

Le peintre fit une grimace en dedans. Mariana baissait les yeux et se tenait aux côtés de la protectrice de ses amours.

— Mariana m'a tout conté; il faut avouer que vous êtes bien impudent d'envoyer la première fois des billets aussi hardis.

— L'amour n'excuse-t-il pas tout?

— Oui, l'amour; mais prenez garde de prendre une inclination passagère pour de l'amour.

— Oh! mademoiselle Juliette, dit Sylvius en essayant de prendre l'air scandalisé.

— Vous êtes coloriste et fougueux; je m'y connais, j'ai aimé des coloristes.

— Et vous aimez encore?...

— Allons, Sylvius, vous êtes un indiscret personnage.

— Plus de morale, dit tout bas celui-ci, ou je parle de vos relations avec Canonnier, l'élève de la nature.

— C'est assez. Mariana, dit Juliette, voulez-vous venir dîner ce soir chez moi avec M. Sylvius?

Mariana fit entendre un *non* qui ressemblait à deux *oui*.

— Sylvius, c'est convenu, vous dînez chez moi avec Mariana. Avez-vous de l'argent? lui demanda-t-elle à la sourdine.

— En faut-il beaucoup?

— Eh! pas mal, pour faire un dîner passable.

— Combien?

— Il faut bien cinquante sous pour trois. Oui, cinquante sous. Donnez le bras à votre amante chérie, je m'en vais chez le restaurateur commander un dîner *kox-noff*. Voilà ma clef, mettez la table.

Sylvius prit le bras de Mariana, monta les escaliers d'une petite maison de la rue des Canettes, et se trouva dans les appartements de Juliette. Tout visiteur, même le moins physionomiste en matière de mobilier, eût deviné que cette chambre devait être habitée par un artiste. Un lit de sangle, deux têtes de mort, quelques gravures d'après Girodet, des moulages de la colonne Trajane, une pipe façon turque, un bonnet russe, un chevalet et des esquisses servaient de signalement. Il n'y avait que deux chaises. Sylvius en offrit une à Mariana et prit l'autre. Il s'empara des mains de la peintre et lui parla de son amour, qui durait depuis nombre de mois, sans qu'il eût jamais osé le déclarer. Il raconta, avec des variantes, *Une Chaumière et son cœur*, de M. Scribe. Mariana écoutait avec passion le langage ardent du peintre, lorsque Juliette rentra.

— Eh bien, Mariana, la table? Ah! vous écoutez le serpent... Allons, aidez-moi, qu'on place la

:able. Faut-il mettre une nappe? Au fait, je n'en ai pas, je peux bien l'avouer, entre peintres. Sylvius, vous vous assoierez à côté de Mariana.

— Mais je ne vois que deux chaises.

— Vous inquiétez-vous pour si peu? Et le lit! Je mangerai à la manière antique, peu couronnée de roses, c'est vrai; mais, quand la nourriture est *chikdar*, on ne regarde pas de si près. Aimez-vous le bifteck, Mariana? et vous, Sylvius?

— Le bifteck est bon quand il est bon.

— Il sera bon, j'ai parlé moi-même au chef; je dois lui faire son portrait meilleur marché qu'au bureau; s'il ne nous donne pas de bons biftecks, je ne le fais pas ressemblant.

— Tiens, vous avez raison.

— Sylvius, *chauffez* le cuisinier pour son portrait, vous me rendrez service. Ces diables de gens, il faut vraiment les *putipharder* pour avoir l'honneur de peindre leurs silhouettes.

En ce moment, le cuisinier entra, apportant le repas.

— Comment vous nommez-vous? dit Sylvius au cuisinier.

— Baptiste, monsieur, pour vous servir.

— Baptiste, vous me revenez, vous avez une bonne tête. La cuisine va-t-elle un peu?

— Comme ci, comme ça; on ne mange pas autant l'été.

— Baptiste, vous avez manqué votre vocation :
avec votre tête, je me serais fait modèle.

— Monsieur se moque, hé ! hé !

— Je ne me moque jamais ; si vous voulez poser
dans un de mes tableaux... mais je vous avertis
qu'il faut se déshabiller à fond.

— Oh ! merci, monsieur ; mademoiselle Juliette
veut bien me faire mon portrait, mais avec mes
habits. On ne me reconnaîtrait plus de la manière
comme vous dites...

— Quand commençons-nous, Baptiste ? dit
Juliette.

— Madame, je ne sais pas trop.

— Dépêchez-vous, mon garçon ; je suis pressée
aussi, moi. Et si j'avais voulu prendre *mes repas*,
dit-elle avec emphase, chez votre confrère, il
tenait à ce que je fisse son portrait. Mais il a un
vilain bec, cet oiseau ! Quand je fais un portrait, je
veux un beau modèle.

— Alors, mademoiselle, dimanche prochain,
je viendrai sur les deux heures... C'est que... le
prix...

— Bah ! le prix, ça va de soi seul ; vous me
payerez en comestibles. A dimanche, dit-elle en le
renvoyant. Encore un d'emmanché ! Ah ! les por-
traits sont bien durs par les chaleurs !

Le repas commença. Juliette faisait à elle seule
les frais de la conversation. Le peintre magnétisait

de ses regards la jolie Mariana ; quelquefois un
pied, errant sous la table, s'adressait à Juliette, et
lui indiquait que, si les deux amants ne parlaient
pas beaucoup, du moins une conversation muette
s'engageait. Le soir arriva ; Sylvius offrit de reconduire Mariana, et Juliette resta chez elle, en
femme habile.

Le lendemain, Sylvius emmenait triomphant au
Louvre Mariana. Il l'appelait *Marianette*. Les
petits noms sont l'indice de la possession. Le peintre avait parlé de travaux communs ; il voulait
vivre, avait-il dit, uniquement pour sa chère Mariana ; la vie de jeune homme lui pesait, il lui fallait
la vie de famille. Ils ne feraient plus qu'un logement.
Mariana s'était laissée prendre à tous ces raisonnements. En chemin, son amant lui dit :

— Tu ne travailleras plus aux Antiques. Tu
serais trop loin de moi. Je suis jaloux ; beaucoup
peuvent te faire la cour. Tu viendras travailler
avec moi à la galerie espagnole.

Quoique Mariana fût douce et résignée à se
laisser mener, elle avait peur de la peinture
espagnole, peinture sauvage, fougueuse et carrée
qui épouvante les esprits étroits, et elle répondit :

— Mais, mon ami, que veux-tu que je fasse aux
Espagnols ?

— Tu copieras quelque chose, n'importe quoi.

à côté de moi. Je fais le moine de Zurbaran. Il y a
de très-beaux Zurbaran tout près.

— Mon ami, j'irai aux Espagnols, puisque tu le
désires ; mais je copierai une vierge de Murillo.

— Pouah ! une vierge de Murillo ! Y songes-tu ?
cela est d'un ennuyeux à mourir. Non, tu copieras
un Zurbaran.

Ainsi le peintre coloriste choquait, sans s'en
apercevoir, les principes de sa maîtresse, élevée à
l'école du joli, du tendre et du gracieux. Elle ne
reconnaissait plus l'homme qui lui avait écrit la
veille qu'il aimait sa peinture ; elle comprenait
qu'elle s'était donné un tyran en peinture. Cependant
elle se laissa mener. Au Louvre, tous deux prirent
place, l'un à côté de l'autre. Mariana commença à
esquisser une figure de Zurbaran ; mais le décou-
ragement la prit ; elle avait aussi des idées arrêtées
en peinture, et elle se demandait à quoi pourrait
servir une telle étude. Juliette, passant par hasard,
les aperçut et s'écria :

— Ah ! mon Dieu, Mariana, tu copies de la
peinture de valet de bourreau ?

— Qu'est-ce que vous dites donc là, Juliette ?
répondit Sylvius d'un air terrible.

— C'est Sylvius, dit-elle, qui te fait copier ces
horreurs-là ?

— Hélas ! dit Mariana en soupirant.

— Mademoiselle Juliette, dit Sylvius en prenant

sa figure la plus sérieuse, je vous prie de croire que je sais mieux que vous les études qu'il convient à Mariana de faire.

— Vous êtes un tyran, Sylvius !

— Mademoiselle Juliette, vous allez me faire le plaisir de *nous* laisser peindre tranquillement.

— Pauvre Mariana ! dit la vieille artiste en nettoyant ses lunettes bleues et en s'éloignant.

Sylvius alla voir l'étude de sa maîtresse ; la *préparation* le fit sauter en l'air. Ne pensant plus à l'amour, il lui fit des reproches qui s'adressaient seulement à l'artiste ; Mariana ne dit rien, et, prétextant un motif quelconque, elle sortit et ne revint pas. Elle alla se jeter en pleurant dans les bras de Juliette, et la pria de l'accompagner chez elle. Le lendemain, elle envoya chez Sylvius ce billet :

« Monsieur, nous ne sommes pas faits l'un pour l'autre. La peinture tuera toujours chez nous l'amour. Si vous me revoyez au Louvre, ne me reconnaissez pas ; c'est le seul service que je vous demande. Adieu, monsieur ! vous me connaissez si peu, que vous m'oublierez bien vite. »

Sylvius montrant cette lettre à son ami Schanne et lui narrant cette aventure, celui-ci lui dit avec son cynisme d'atelier :

— Que diable ! mon cher, tu veux qu'un artiste en jupons fasse de la peinture culottée?

FIN.

TABLE DES MATIÈRES.

—

FIN DE LA TABLE

AVIS.

La petite collection dont ce vo... ne est le spécimen est connue à l'étranger sous le nom de *Collection Hetzel*, et elle est déjà riche, dans le passé, de 200 volumes dus aux plus célèbres romanciers contemporains.

Des traités sérieux assurent à cette collection, pour l'étranger, la collaboration souvent exclusive des écrivains qui sont depuis longtemps en possession de la faveur publique, et celle des talents nouveaux qui se sont produits en France depuis quelques années.

Le but de cette publication a été de conserver à la littérature française les débouchés que la contrefaçon lui avait créés, et de combattre cette contrefaçon sur les terrains encore très-nombreux qui lui sont restés ouverts.

La partie de cette collection qui se publie à Paris ne contient que très-accidentellement des romans ; elle porte le titre de *Collection Hetzel et Lévy*, et se compose plus particulièrement d'œuvres de genre et de fantaisie dont la longueur ne dépasse pas ordinairement l'étendue d'un de ces petits volumes. Néanmoins, elle contient le théâtre d'Émile Augier et toutes les poésies de Victor Hugo.

Le format à la fois élégant et portatif de cette double collection a l'avantage de réunir sous un petit volume, et dans un texte cependant très-lisible, des œuvres contemporaines qui ne sont pas assez étendues pour composer un volume format Charpentier, — ou celles qui, en raison même de leur qualité plus exclusivement littéraire, ne visent pas au succès de vulgarité que les éditions format Charpentier à 1 franc le volume sont trop souvent obligées d'atteindre.